Dieses Buch kann alleine lesen:

____

Die besten Ferien-Silben-Geschichten

CARLSEN

Silbe für Silbe zum Lese-Erfolg

Liebe Eltern,

Leseanfänger lesen langsam. Sie müssen jedes Wort Buchstabe für Buchstabe, Silbe für Silbe erlesen. Alle Wörter der Geschichten in diesem Band sind in farbigen Silben markiert. Diese kurzen Buchstabengruppen können Leseanfänger schneller erfassen als das ganze Wort.

Bei den markierten Silben handelt es sich um Sprechsilben. Das heißt, die Wörter sind so in Silben aufgeteilt, wie sie gesprochen werden. Die Sprechsilben entsprechen fast immer auch der möglichen Worttrennung, also den Schreibsilben.

Nur bei der Trennung einzelner Vokale gibt es einen Unterschied: Nach den aktuellen Rechtschreibregeln werden einzelne Vokale am Wortanfang oder -ende nicht abgetrennt. Beim Sprechen unterteilen wir solche Wörter jedoch in mehrere Silben, daher sind sie in diesem Band ebenfalls mit unterschiedlichen Farben markiert: Oma, Radio.

Ihnen und Ihrem Kind viel Spaß beim Lesen!

Inhalt

Eine Nacht im Zelt

Eine Geschichte von Antje Schwenker
mit Bildern von Sigrid Leberer

Endlich Ferien!

Oben auf dem Klettergerüst sitzen
Hanna und ihr Bruder Anton.
Sie haben Ferien.
Endlich!
Die Sonne scheint,
aber die beiden
sehen traurig aus.

„Lukas fährt nach Italien,
mit dem Wohnmobil“,
sagt Anton.
„Und Jule fliegt
mit dem Flugzeug
nach Spanien.“

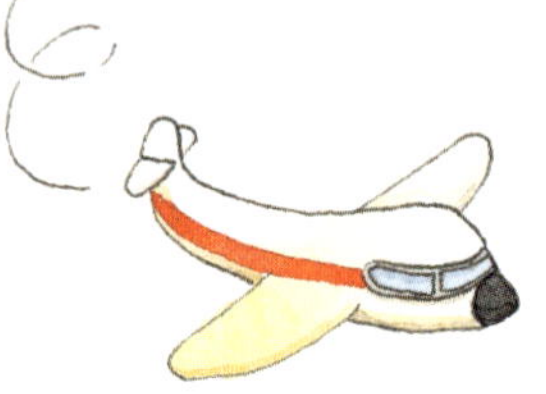

Weil Oma krank im Bett liegt,
bleiben Anton und Hanna
zu Hause.
Hanna pflückt Löwenzahn.
„Komm, wir spielen
mit dem Meerschweinchen“,
sagt Hanna zu ihrem Bruder.
Anton setzt
das Meerschweinchen Lola
ins Gras.
Aber Lola versteckt sich
in ihrem Häuschen.

Das Turnen auf dem Klettergerüst
macht ohne Freunde keinen Spaß.
Sogar das Skateboard bleibt
in der Ecke liegen.
Da fährt Lukas
im Wohnmobil vorbei.
„Bis in zwei Wochen!“,
ruft er und winkt.
Nur die Sonne lacht.
„Ich habe eine Idee!“,
ruft Hanna.
„Mit dem Zelt spielen wir Verreisen.“

„Wir brauchen einen Schlafsack“,
sagt Anton begeistert.
„Und die Taschenlampe
nicht vergessen!“
Sie sausen los.
Der Gartenzwerg wundert sich.
Ein Schmetterling fliegt
vor Schreck davon.

Leserätsel

Wohin fährt Lukas?
Kreuze an.

S Nach Spanien 

Z Nach Italien 

P Nach Frankreich 

Wie verreist Jule?

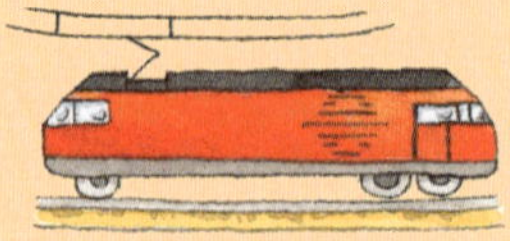

O Mit der Bahn

A Mit dem Wohnmobil 

E Mit dem Flugzeug

Warum bleiben Hanna und Anton zu Hause?

L Weil Oma krank ist.

M Weil Opa krank ist.

N Weil das Auto kaputt ist.

Wie heißt das Meerschweinchen?

E Lila

G Lolli

T Lola

Die Buchstaben neben den richtigen Antworten ergeben ein Lösungswort:

__ __ __ __

Zelten ist ein Abenteuer!

Anton holt das Zelt
und die Schlafsäcke.
Hanna bekommt von Mama
eine Flasche Limonade
und zwei Becher.
Und eine Tüte Chips. Lecker!

Das Zelt soll
vor dem Klettergerüst
aufgebaut werden,
gleich neben der Sandkiste.
Papa hilft ihnen.

Mit dem Hammer schlägt er
Heringe in die Erde.
Das Zelt ist rot wie ein Feuerwehrauto.
Gleich sind sie fertig.
Nicht einmal der Schäferhund
von nebenan bemerkt
die dicken Wolken am Himmel.
Mit Schlafsäcken, Kissen und Decken
sieht es im Zelt richtig kuschelig aus.

Sogar der Käfig
des Meerschweinchens
passt in die Ecke.
Nur noch Hase Tom und
Bär Timo fehlen.
Dann ist das Zelt
fertig für die Nacht.
Anton und Hanna kriechen
in die Schlafsäcke.
Sie finden alles sehr spannend.
Die Sonne ist untergegangen.
Hanna sieht Sterne
am Himmel.

Flattert dort eine Fledermaus?

Hanna schüttelt sich.

Sie mag keine Fledermäuse.

Mama und Papa sagen

Gute Nacht.

Leserätsel

Was brauchen Hanna und Anton zum Zelten? Kreuze an.

F	Schlafsack	P	Springseil
T	Gummistiefel	R	Hammer
S	Schnuller	I	Heringe
E	Kopfkissen	G	Hummer

Nebenan wohnt ...

A ein Dackel. 

O ein Riesenschnauzer. 

U eine Katze. 

E ein Schäferhund. 

Welches Tier mag Hanna nicht?
Kreuze es an.

G 

N 

E 

X 

Die Buchstaben neben den richtigen Antworten ergeben ein Lösungswort:

___ ___ ___ ___ ___ ___

Im Dunkel der Nacht

Im Zelt ist es unheimlich.
Hanna erzählt eine Geschichte
von einem Gespenst.

Anton gruselt sich.
Das Meerschweinchen
raschelt im Käfig.
Es ist fast dunkel.
Nur die Taschenlampe leuchtet.

Jedes Knacken ist lauter als sonst.
War das ein Eichhörnchen?

Plötzlich wird es hell.

„Ein Blitz“,

flüstert Anton.

Schon donnert es.

Das Klettergerüst knarrt.

Ist da jemand?

Der Schäferhund nebenan bellt.

„Das Meerschweinchen hat Angst“,

sagt Hanna leise.

Auf das Zelt fallen erste Tropfen.

Anton öffnet den Reißverschluss.

„Komm, wir laufen ins Haus“,
sagt Hanna.
Noch ein Blitz leuchtet auf.
Mit der Taschenlampe schauen sich
Anton und Hanna um.

Eine Schnecke kriecht über den Weg.
Ein Igel huscht unter einen Busch.
Im Dunkeln sieht der Baum aus
wie ein Gespenst.
„Drinnen ist es gemütlicher“,
sagt Anton.

Hanna sagt:
„Wir dürfen das Meerschweinchen
nicht vergessen!“
Papa wartet schon an der Tür.
„Lola hat Angst“, sagt Anton.
Mama bringt die Kinder ins Bett.
Das Bett ist warm und weich.
Hanna und Anton gähnen.
Sogar das Meerschweinchen gähnt.
Es rollt sich in seinem Häuschen
zusammen und schläft ein.

„Morgen schlafen wir
wieder im Zelt“,
murmelt Hanna müde.

„Aber ohne das Meerschweinchen“,
sagt Anton.
„Sonst hat es wieder Angst
vor einem Gespenst!“

Infoseite
Das alles brauchst du für eine gemütliche Übernachtung im Garten:

Kissen

Kartoffelchips

Limo oder Saft

Luftmatratze

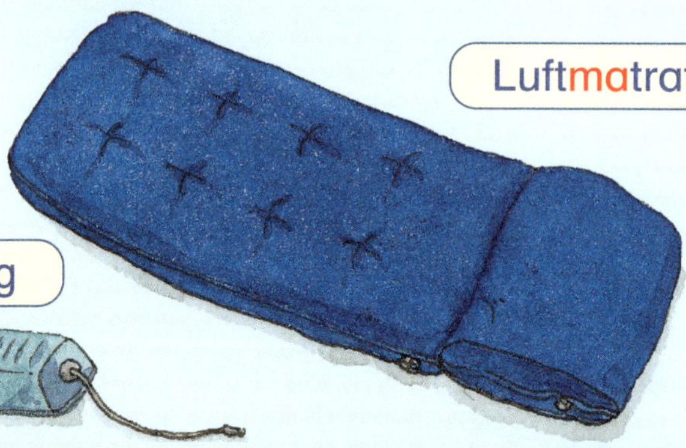

Blasebalg

Hammer

Heringe

Sweatshirt

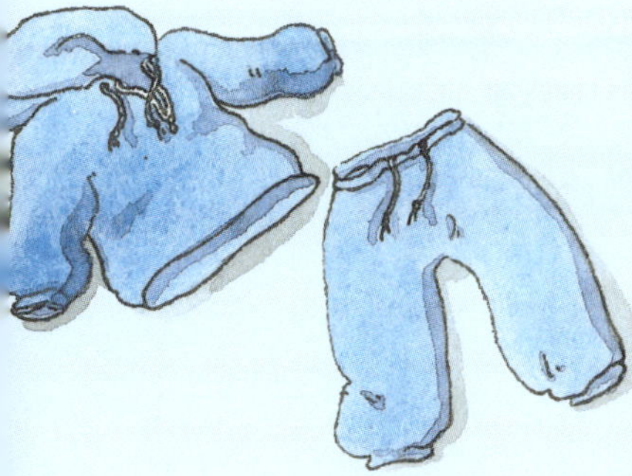

Schuhe

Jogginghose

Schlafanzug

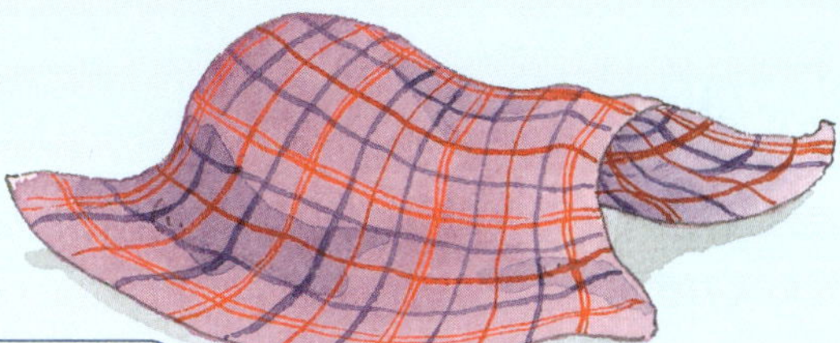

Decke

Taschenlampe

Batterie

Kuscheltiere

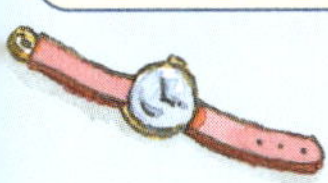

Buch

Armbanduhr

Schlafsack

Wecker

Lösungen

S. 14/15:

Lukas fährt nach Italien.
Jule verreist mit dem Flugzeug.
Hanna und Anton bleiben zu Hause,
weil Oma krank ist.
Das Meerschweinchen heißt Lola.
Das Lösungswort lautet ZELT.

S. 20/21:

Zum Zelten brauchen Hanna und Anton
Schlafsack, Kopfkissen, Hammer und Heringe.
Nebenan wohnt ein Schäferhund.
Hanna mag keine Fledermäuse.
Das Lösungswort lautet FERIEN.

Rosa fängt einen Dieb

Eine Geschichte von Manuela Mechtel
mit Bildern von Sigrid Leberer

Urlaub am Meer

Rosa ist mit ihrer Familie im Urlaub.
Sie haben Glück:
Jeden Tag scheint die Sonne!
Und jeden Tag gehen sie zum Strand.
Sie haben einen Strandkorb gemietet.
Rosa hat auch eine Freundin gefunden:
Milli.
Rosa und Milli sammeln Muscheln
und bauen Sandburgen am Meer.
Jeden Tag eine neue!

Mit ihrem Bruder Lukas kann Rosa
keine Sandburgen bauen.
Er ist ja noch ein Baby!
„Dürfen wir uns ein Eis kaufen?“,
fragt Rosa.
Ihre Mama gibt ihr Geld.
Milli und Rosa rennen zum Kiosk.
Dort ist es voll heute.
Sie müssen anstehen.
Als sie zurückkommen,
sehen sie einen fremden Mann
bei Millis Strandkorb.
„Was macht der denn da?“,
wundert sich Milli.

Millis Eltern sind nicht da.
Sie schwimmen
weit draußen im Meer.
Der fremde Mann zieht etwas
aus der Hose von Millis Papa.
Er steckt es
in eine blaue Plastiktüte.

„Das ist ein Dieb!“,
flüstert Rosa.
Milli nickt.
„Das war Papas Geldbeutel.
Da ist viel Geld drin!
Wir waren gerade bei der Bank!“

Der Mann ist schon weitergegangen.
Wohin?
Sie entdecken ihn nebenan
beim Strandkorb von Rosas Familie.
Er wühlt in ihrem großen Rucksack.
Rosas Eltern merken nichts –
sie planschen friedlich
mit dem Baby vorne am Meer.
„Haltet den Dieb!“,
schreien Rosa und Milli.

Leserätsel

Wo macht Rosa Urlaub?

M Im Urwald

F Am Nordpol

D Am Meer

Wie heißt Rosas neue Freundin?

A Minni

R Milli

O Willi

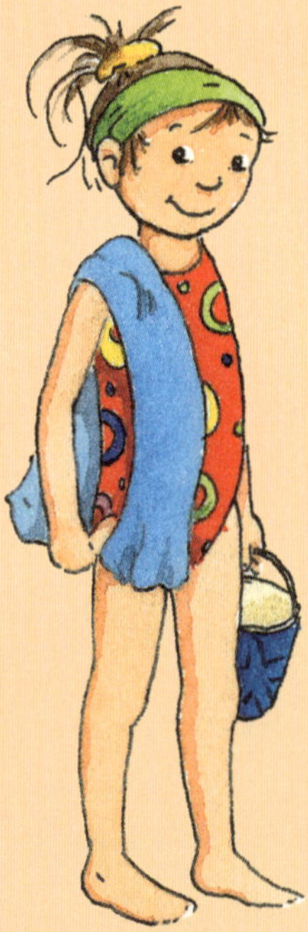

Warum kann Rosa mit ihrem Bruder keine Sandburgen bauen?

E Er ist noch ein Baby.

T Er isst den Sand auf.

B Er ist bei der Bank.

Worin verstaut der Dieb das Diebesgut?

E In einer Eistüte.

I In einer Plastiktüte.

N In seiner Badehose.

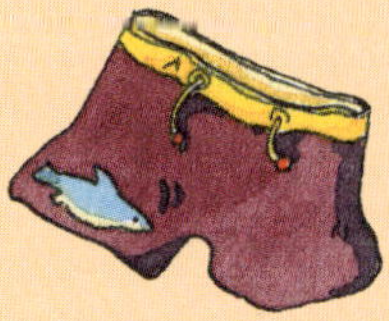

Die Buchstaben neben den richtigen Antworten verraten dir, wie viele Eiskugeln Rosa sich gekauft hat:

__ __ __ __

Der Dieb läuft davon

Überrascht dreht der Dieb
den Kopf um.
Rosa und Milli rufen wieder:
„Haltet den Dieb!“
Er lässt schnell den Rucksack los,
packt seine blaue Plastiktüte
und läuft davon.
Quer über den Strand.
Rosa und Milli rennen hinterher.
Aber der Dieb ist schneller.
Er hat ja auch
viel längere Beine.

„Ich hab's!", keucht Milli
und bleibt stehen.
Sie zielt und wirft ihr Eis
nach dem Dieb.
Leider wirft sie daneben:
auf einen Sonnenschirm.
„Aber die Idee war spitze!",
nickt Rosa.
Sie zielt und trifft!
Ihr Eis klatscht dem Dieb auf den Hals
und rutscht unter sein Hemd.
Er schreit auf, stolpert und fällt hin.
„Wir haben ihn!",
juchzen Milli und Rosa
und fallen sich in die Arme.

Dann rennen sie weiter,
aber jetzt ist der Dieb weg!
Da, wo er hingefallen war,
liegt nur noch Rosas Eis
im Sand.

„Zitrone“,
seufzt Rosa.
„Mein Lieblingseis!“
„Komm, wir suchen den Strand ab!“,
schlägt Milli vor.
Sie gucken
hinter jeden Strandkorb
und in jede Sandburg.

„Wie sollen wir den Dieb hier nur finden?“, überlegt Rosa.
Milli und Rosa sehen sich alle Männer am Strand genau an.
Die meisten tragen nur Badehosen und Sonnenbrillen.
Manche haben einen dicken Bauch.
„Der Dieb hatte jedenfalls keinen“, meint Milli.
Eine Sonnenbrille trug der Dieb auch nicht.
„Aber ein gelbes Hemd“, fällt Rosa ein.

Leserätsel

Was rufen Rosa und Milli?

- P Haltet den Mund!
- T Haltet euch fest!
- H Haltet den Dieb!

Welcher Weg führt zum Dieb?

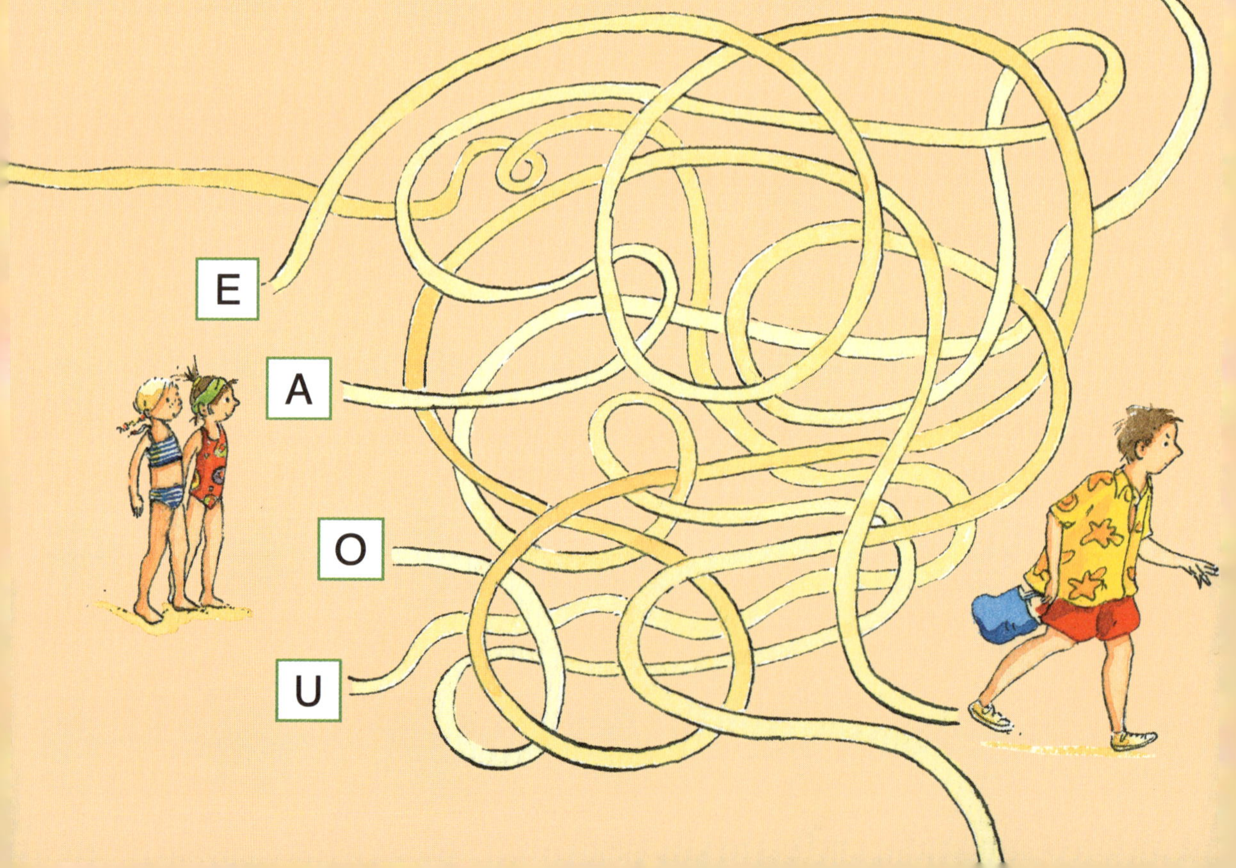

Warum kann der Dieb schneller rennen als Rosa und Milli?

R Er hat vier Beine.

M Er hat längere Beine.

T Er hat krumme Beine.

Welche Eissorte mag Rosa am liebsten?

U Melone

D Kanone

D Zitrone

Die Buchstaben neben den richtigen Antworten ergeben ein Lösungswort:

__ __ __ __

Keine Verluste zu beklagen

„Vielleicht sitzt er ja längst im Café?“,
meint Milli.
„Und trinkt Bier?“
Das Café ist direkt neben dem Kiosk.
Alle Tische sind besetzt.
Rosa und Milli sehen den Dieb sofort!
Er sitzt in der Sonne und trinkt ein Bier.
Er trägt immer noch das gelbe Hemd.
Aber zur Tarnung hat der Dieb
eine Sonnenbrille
aufgesetzt.

Die Plastiktüte hat er
an seinen Stuhl gehängt.
„Komm, wir klauen sie ihm!“,
flüstert Milli.
„Aber dann sind wir ja selbst Diebe“,
wendet Rosa ein.
Milli regt sich auf:
„Es ist doch unser Geld!“
In dem Moment hebt der Dieb
den Kopf.
Er erkennt sie!
Erschrocken steht er auf und
wirft dabei fast den Tisch um.
„Jetzt oder nie!“,
ruft Milli.

Der Dieb drängt sich
zwischen den Tischen durch.
Vor lauter Eile vergisst er
die Plastiktüte.

Er hat Angst vor Rosa und Milli!
Sie lassen ihn laufen und
nehmen sich die Plastiktüte.
Hand in Hand schlendern sie
über den Strand
zu Rosas Strandkorb.
Die ganze Familie
ist dort versammelt.
Auch Millis Eltern
sind da.

„Gut, dass wenigstens ihr beiden
nicht verschwunden seid!“,
sagt Rosas Mama ernst.
Millis Papa stöhnt:
„Stellt euch vor!
Mein Geldbeutel wurde
aus meiner Hose geklaut!“
Rosas Papa versetzt dem Rucksack
einen Tritt und sagt:
„Unser Geld ist auch weg!“
„Dafür kann doch der Rucksack nichts!“,
ruft Rosas Mama.
Nur Lukas, das Baby,
spielt still im Sand.

„Nun hört doch mal zu!“, ruft Rosa.
„Wir haben nämlich dem Dieb …“
„… das ganze Geld wieder abgenommen!“, ergänzt Milli.
Stolz schütten sie die Plastiktüte aus und die beiden Geldbeutel fallen heraus.

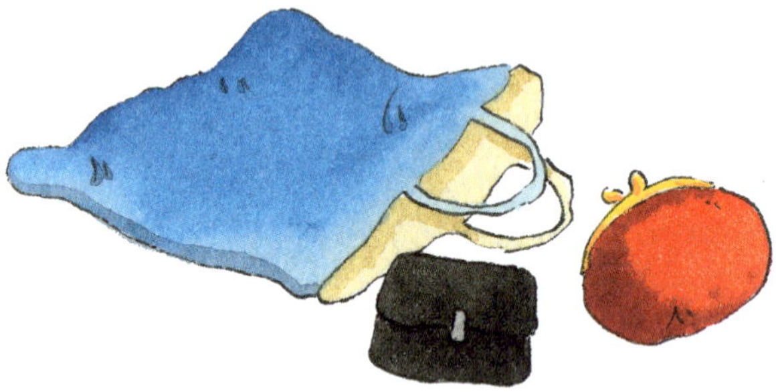

Das Baby freut sich!
Es steckt gleich einen in den Mund und kaut darauf herum.
Die Erwachsenen wollen wissen, wie Rosa und Milli das geschafft haben.

Rosa und Milli erzählen
von der Verfolgung.
Rosas Mama ruft staunend:
„Was seid ihr für starke Freundinnen!“
Sie gibt ihnen Geld für ein neues Eis.
Rosa kauft sich drei Kugeln Zitrone.
Milli nimmt drei Kugeln Schokolade.
Von Millis Mama bekommen sie
zwei nagelneue Spaten geschenkt.
Damit bauen sie die schönste Sandburg.
Direkt am Meer.

Infoseite
Was brauchst du für einen Tag am Meer oder Badesee?

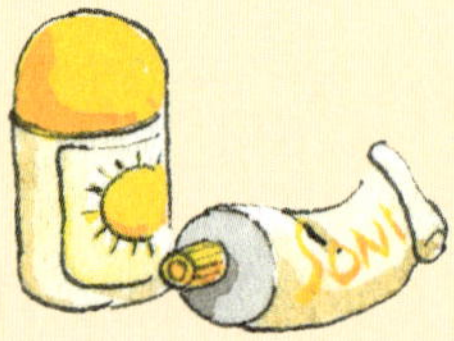

Sonnencreme, damit du keinen Sonnenbrand bekommst

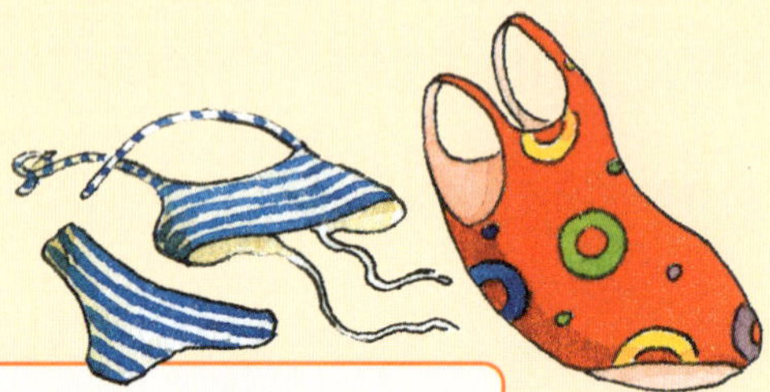

Badehose, Badeanzug oder Bikini

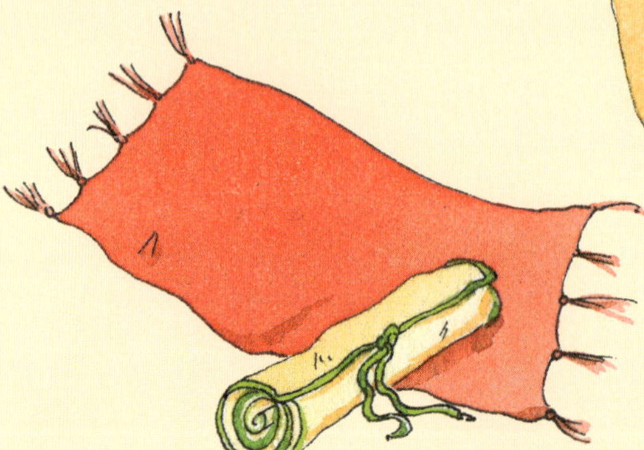

Ein großes Handtuch und eine Matte oder Decke

Ein Buch, eine Zeitschri
oder ein Rätselheft

Etwas Geld, mit dem du dir ein Eis kaufen kannst

Sonnenbrille, Schildmütze oder Sonnenhut

Wasser, Saft und Proviant für zwischendurch (Achtung: Nicht mit vollem Bauch ins Wasser gehen!)

Eimer und Spaten zum Sandburgenbauen und Muschelnsammeln

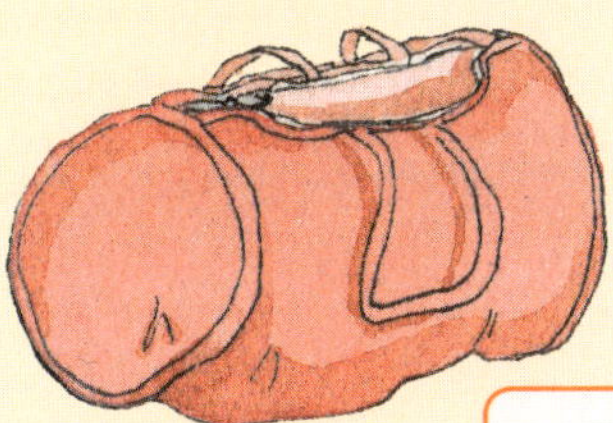

Eine große Tasche, in die du alles packen kannst

S. 38/39:

Rosa macht Urlaub am Meer.
Rosas neue Freundin heißt Milli.
Rosa kann mit ihrem Bruder keine Sandburgen bauen, weil er noch ein Baby ist.
Der Dieb verstaut das Diebesgut in einer Plastiktüte.
Rosa hat sich DREI Eiskugeln gekauft.

S. 44/45:

Rosa und Milli rufen: „Haltet den Dieb!“
Das ist der Weg zum Dieb:

Der Dieb kann schneller rennen als Rosa und Milli, weil er längere Beine hat.
Rosa mag am liebsten Zitrone.
Das Lösungswort lautet HEMD.

Lösungen

Kükenalarm auf dem Bauernhof

Eine Geschichte von Ulrike Pohlmann

mit Bildern von Irmtraut Teltau

Lena und die Küken

Endlich Ferien,
denkt Lena.
Das Handy klingelt.

„Die Küken sind da!“,
brüllt Paul in den Hörer
und legt dann auf.
Paul ist Lenas Freund.
Paul wohnt auf einem Bauernhof.
Paul und Lena gehen zusammen
in die Schule.
Lena schnappt sich ihr Fahrrad
und fährt damit zum Bauernhof.
Sie wird von Paul schon
am Tor erwartet.

„Lass uns nach den Hühnern sehen!“,
meint er.
Als Lena in den Stall kommt,
sieht sie die Küken sofort.
„Oh, wie niedlich!
Wie viele sind es denn?“,
fragt sie.
„Sechs“, antwortet Paul.

Sechs flauschige gelbe Küken kommen
unter den Federn ihrer Mutter hervor
und erkunden neugierig den Stall.
„Henriette, das hast du gut gemacht“,
lobt Lena.
Der Hahn Alfons beobachtet
stolz seine Kinderschar.

Lena kniet sich ins Stroh.
Sie nimmt ein Küken
in die Hand.
Mit der anderen Hand
bedeckt sie das Küken.
So hat es keine Angst.
Sofort kuschelt es sich hinein
wie in ein Nest.
„Dich nenne ich Pieps“,
sagt Lena.
Das Küken piepst zweimal.
Das heißt: Einverstanden!

Leserätsel

Wer ist Pieps?

Male das richtige Bild an.

Was ist richtig? Kreuze an.

- [ ] Paul ist Lenas Bruder.
- [ ] Paul ist Lenas Freund.
- [ ] Lena geht mit Paul zur Schule.
- [ ] Lena geht in den Kindergarten.
- [ ] Pieps ist die Schwester von Lena.

Amanda ist weg!

Paul schaut sich
im Hühnerstall um.
Da stimmt etwas nicht.
Er zählt die Hühner.
„Ein Huhn fehlt!
Amanda ist weg!“,
ruft er aufgeregt.
„Wie, weg?“,
fragt Lena.
„Die Tür war doch zu!“

„Ich weiß auch nicht, wie“,
antwortet Paul.
„Aber Amanda ist
mal wieder ausgerissen.“
Amanda, das braune Huhn
mit dem weißen Fleck
auf dem roten Kamm,
liebt es,
Ausflüge zu machen.
„Wir müssen Amanda suchen“,
sagt Paul.
„Sie hat bestimmt Eier gelegt!“

Lena meint:
„Vielleicht hat sie sich
in den Büschen am Bach
versteckt und brütet dort.
Los, lass uns nachsehen!“
Paul und Lena rennen los.
Sie müssen Amanda finden,
bevor sie dem Fuchs begegnet!

Sie suchen das Ufer
am Bach ab.
In jedem Busch sehen sie nach.
Aber keine Spur von Amanda.
Amanda ist schlau.
Wo kann sie nur sein?

Leserätsel

Kreuze den richtigen Satz an.
Was machen Lena und Paul?

- ☐ Lena und Paul spielen am Bach.
- ☐ Lena und Paul laufen um die Wette.
- ☐ Lena und Paul suchen eine Henne.
- ☐ Lena und Paul bauen eine Höhle.

Welches Huhn ist weg?

- ☐ Gloria
- ☐ Lena
- ☐ Amanda
- ☐ Bella

Findest du die zwölf Unterschiede?

Das Versteck

Auf der Suche nach dem Huhn
klettert Lena die Leiter
zum Heuboden hoch.
Die Leiter ist sehr lang.
„Vorsicht!“, sagt Paul.
Knarz, macht die erste Sprosse.
Knirsch, macht die zweite Sprosse.
Krach!, macht die dritte Sprosse
und bricht mittendurch.

„Hilfe!“, schreit Lena.

„Keine Panik!“, ruft Paul.

Er klettert auf eine große Kiste
und zieht Lena zu sich herüber.
Dann klettern beide von dort aus
auf den Heuboden.
Paul und Lena plumpsen ins Stroh.

„Puh!“, schnauft Lena.
„Das war knapp!“

„Alles nur wegen Amanda!“,
meint Paul.
„Piep, piep!“
„Was war das?“,
fragt Lena.
Die Kinder durchwühlen das Stroh.
Aber keine Spur von Amanda.
„Was ist denn das?“,
fragt Lena und
zeigt auf einen Kasten,
der oben unter dem Dach hängt.
„Das ist nur ein alter Nistkasten
für eine Eule“,
antwortet Paul.

Lena schleicht sich
an den Nistkasten heran.
Ganz leise hebt sie
den Deckel an.
Dort sitzt Amanda und brütet!
Drei Küken sind schon
aus dem Ei geschlüpft!

Paul kommt dazu.

Er sieht die brütende Amanda.

„Da steckst du also“, lacht Paul.

Er überlegt.

„Heute Nacht schlafen wir
besser hier bei den Küken“,
sagt Paul.

„Genau.
Das machen wir.
Mit Schlafsack und Taschenlampe!“,
sagt Lena.
„Aber wir brauchen dringend
eine andere Leiter!“
„Gut“, sagt Paul.
„Zur Feier des Tages bekommen
alle Hühner eine Extraportion Körner.“
„Und wir eine Packung Kekse!“

Infoseite
Das Haushuhn

Hühner fressen Würmer, Körner und Insekten,
die sie aus dem Erdboden scharren.
Ein männliches Huhn heißt Hahn,
ein weibliches Henne.
Die Kinder der Hühner heißen Küken.
Haushühner können zwei Kilogramm
schwer werden.

Hühner legen Eier.
Wenn man dem Huhn
das gelegte Ei wegnimmt,
legt es jeden Tag wieder ein neues.
Das Küken wächst im Ei heran.
Die Henne setzt sich drauf
und brütet drei Wochen lang.
Dann befreit sich das Küken
selbst aus der Eierschale.
Schon ein paar Stunden später
verlässt es sein Nest für immer
und läuft mit seiner Mutter
auf dem Hof herum.

Lösungen

S. 62/63:

Pieps ist das Küken.
Paul ist Lenas Freund.
Lena geht mit Paul zur Schule.

S. 68/69:

Lena und Paul suchen eine Henne.
Das Huhn Amanda ist weg.

Ein Heuler in der Seehundstation

Eine Geschichte von Gabriela Krümmel

und Sabine Choinski

mit Bildern von Günther Jakobs

Am Meer

Felix und sein Papa
machen Urlaub am Meer.
Die Sonne scheint ganz warm.
Felix geht jeden Tag
an den Strand.
Er sucht Muscheln und
baut eine Sandburg.
„Morgen wandern wir!“,
sagt Papa.
Felix freut sich.
Im Bett schläft er schnell ein.

Am nächsten Morgen
ist Felix ganz früh wach.
Er packt seinen blauen Rucksack.
Ein Fernglas nimmt er auch mit.
Seine gelben Gummistiefel
leuchten im Watt.
Ein Krebs läuft schnell ins Wasser.
Felix findet viele Muscheln, Schnecken
und sogar einen Seestern.
Er sammelt alles
in seinem Kescher.

„Schau mal“,
ruft Felix.
„Dahinten liegt ein Hund!“
Papa sieht durch das Fernglas.
„Das ist kein Hund“,
sagt er.
„Das ist ein junger Seehund.
Er hat seine Mutter verloren.
Deswegen nennt man ihn Heuler.“

„Können wir ihn mitnehmen?“,
bettelt Felix.
„Nein“, antwortet Papa.
„Vielleicht kommt
die Seehundmutter bald zurück.“
Felix und Papa setzen sich
auf eine Decke.
Felix holt seine Trinkflasche
aus dem Rucksack.
Dabei beobachtet er den Seehund.

Leserätsel

Was baut Felix am Strand?

S Einen Sandkuchen
U Eine Sandale
M Eine Sandburg
R Ein Sandwich

Was braucht Felix für seinen Ausflug?

A Kartoffel-
E Ruck-

E Fern-
T Trink-

Z Reit-
R Gummi-

Die Buchstaben neben allen richtigen Antworten verraten dir, wo Felix Urlaub macht: am ___ ___ ___ ___.

Wie kommt der Seehund zum Fisch?

Der Seehundfänger kommt

Der kleine Seehund heult laut.

Aber die Seehundmutter kommt nicht.

Papa nimmt sein Handy und

ruft die Polizei an.

Die Polizei sagt

bei der Seehundstation Bescheid.

Sie schicken einen Mann.

Er setzt den Seehund

in eine Wanne aus Plastik.

Die Wanne mit dem Heuler
lädt er in sein Auto.
„Ich bringe ihn zur Seehundstation“,
erklärt er Felix.
Dort wartet schon der Tierarzt.
Er setzt den Heuler auf die Waage.
Er wiegt acht Kilogramm.
Mit einem Maßband wird er gemessen.
Er ist 50 Zentimeter lang.

Der Heuler soll Karlchen heißen.
Da kommt Jan, der Pfleger.
Er hat eine Hose aus Gummi an.
Mit einem Trichter und einem Schlauch
bekommt Karlchen Welpenmilch.

Jetzt darf Karlchen
zum ersten Mal
ins Wasserbecken.
Zwei andere Seehunde
schauen neugierig zu.
Mit ihren großen Augen
beobachten sie den Neuen.
Karlchen ist aufgeregt.
Mit seinen Flossen
schlägt er auf und ab.
Dann schwimmt er los.

Leserätsel

Löse das Kreuzworträtsel:

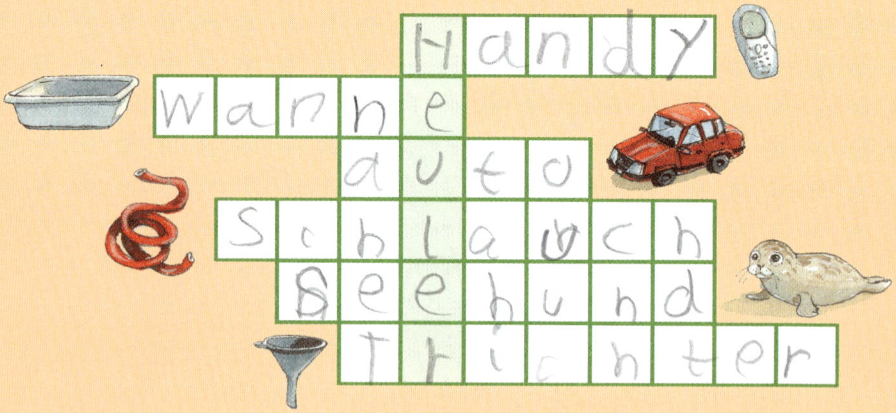

Die Buchstaben in den grünen Feldern verraten dir, wie ein Seehundjunges heißt, das nach seiner Mutter ruft:

heuler

Wie heißt der Pfleger der Seehunde?
Kreuze an.

- [ ] Januar
- [x] Jan
- [ ] Jo-Jo
- [ ] Jane

Ergänze die fehlenden Buchstaben:

1. DER SEEHUND IST NOCH SEHR __LEIN.

2. PAPA NIMMT SEIN H__NDY.

3. E__ RUFT DIE POLIZEI AN.

4. DER HEU__ER WIEGT ACHT KILOGRAMM.

5. ER BEKOMMT WELPENMIL____.

6. ER SCHLÄGT MIT S__INEN FLOSSEN.

7. UND SCHO__ SCHWIMMT ER LOS!

Wenn du die Buchstaben zusammensetzt, erhältst du das Lösungswort:

___ ___ ___ ___ ______ ___ ___
1 2 3 4 5 6 7

Besuch für Karlchen

Heute gibt es Fisch.
In seinem Eimer
bringt Jan
viele Heringe mit.
Mit einem Messer
schneidet er
die Fische klein.
Karlchen sperrt sein Maul auf.
Mit seinen spitzen Zähnen
packt er den Fisch
und schlingt ihn hinunter.

Ein rotes Auto hält
vor der Seehundstation.
Felix und sein Papa
wollen Karlchen besuchen.
Sie dürfen nicht zu nahe
an das Wasserbecken heran.
Die Seehunde sollen sich
nicht an Menschen gewöhnen.
Eine Treppe führt Felix und Papa
auf den Besucherturm.

Durch das Fenster
kann Felix
Karlchen sehen.
„Ich erkenne ihn
an den schwarzen Punkten
auf seinem Kopf!“,
ruft Felix aufgeregt.
Mit seiner Kamera
macht er viele Fotos.
Pfleger Jan kommt
mit einem dicken Fisch.

Karlchen soll lernen,
den Fisch zu fangen.
Bald wird er
mit den anderen Seehunden
im Meer schwimmen.
Felix macht ein trauriges Gesicht.
Papa nimmt ihn in den Arm.
Zum Trost kauft er ihm
einen Seehund aus Plüsch.
Der hat ganz weiches Fell.

Karlchen ist nun vier Monate alt
und wiegt 26 Kilogramm.
Mit einem Boot wird er
auf das Meer hinausgebracht.
An einer Sandbank hält das Boot.
Neugierig schaut Karlchen
über den Rand des Bootes.

Jan steigt aus und
setzt ihn auf den Strand.
Eine Welle trägt Karlchen
auf das Meer hinaus.
Er schwimmt
mit den anderen Seehunden davon.
Jan sieht ihm noch lange nach.
Mach's gut, Karlchen!

Infoseite
Das braucht man für die Aufzucht eines Heulers:

Trichter

Schlauch

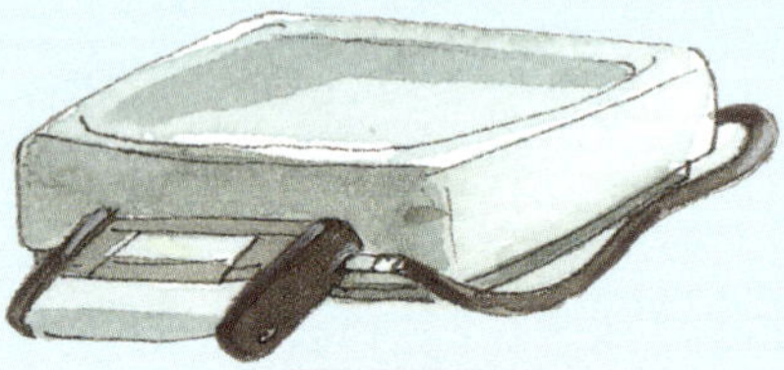

Waage

Pfleger

Messbecher

Welpenmilch

Eimer

Fische

Wasserbecken

S. 86/87:

Felix baut eine Sandburg.
Das braucht Felix für seinen Ausflug:
Rucksack, Fernglas, Gummistiefel.
Felix macht Urlaub am MEER.
So kommt der Seehund zum Fisch:

S. 92/93:

				H	A	N	D	Y		
W	A	N	N	E						
			A	U	T	O				
	S	C	H	L	A	U	C	H		
		S	E	E	H	U	N	D		
			T	R	I	C	H	T	E	R

Ein Seehundjunges, das nach
seiner Mutter ruft, nennt man HEULER.
Der Pfleger heißt Jan.
Das Lösungswort lautet KARLCHEN.

Max &
Mops
Limo

Leo verreist allein

Eine Geschichte von Annette Neubauer
mit Bildern von Marc-Alexander Schulze

Vorsicht bei der Einfahrt

Leo wartet mit seiner Mutter
auf dem Bahnsteig.
Zum ersten Mal verreist er
ganz allein.
Er besucht seinen Vater,
der in einer anderen Stadt
arbeitet.
Aufgeregt hüpft Leo
von einem Bein auf das andere.

Er schaut auf seine Armbanduhr:
Es ist genau 11:58 Uhr.
Nur noch zehn Minuten,
dann geht es los!
„Freust du dich wirklich darauf,
allein zu fahren?“,
fragt seine Mutter und
wuschelt ihm durchs Haar.

Und ob sich Leo auf die Zugfahrt freut!
Er will doch Lokführer werden.
Da tönt es aus dem Lautsprecher:
„Meine Damen und Herren,
auf Gleis 8 fährt ein
der ICE von Hamburg nach Berlin.
Bitte Vorsicht bei der Einfahrt!“

Leo kennt die Ansage.
Er ist die Strecke schon einmal
mit seiner Mutter gefahren.
Der Zug hält fast lautlos.
Leo stürmt zur nächsten Tür.
Schnell klettert er die Stufen hoch.
Seine Mutter geht hinterher
und schüttelt den Kopf.

Leo zieht seine Fahrkarte
aus der Hosentasche.
„Wagen 32, Sitzplatz 97“, murmelt er.
Auf einer Anzeigetafel
neben der Tür entdeckt er die Zahl 32.
Hier ist er richtig!
Jetzt muss Leo nur noch
seinen Platz finden.
Klasse, direkt am Fenster.

Leo setzt sich
und steckt seine Fahrkarte
in den Rucksack.
„Weißt du denn noch,
wann du in Berlin ankommst?“,
fragt seine Mutter.
Leo verdreht die Augen.
Die Ankunftszeit kennt er doch
seit Tagen auswendig.

Leserätsel

Was will Leo später werden?

- **U** Reiseführer
- **E** Lokführer
- **A** Hundeführer

Was bedeutet ICE?

- **R** Intercity-Express
- **M** Immer Cornflakes essen.
- **A** Im Chor erschallen.

Auf welchem Platz sitzt Leo?

- **Z** Sitzplatz 32
- **L** Sitzplatz 97
- **N** Leo bleibt lieber stehen.

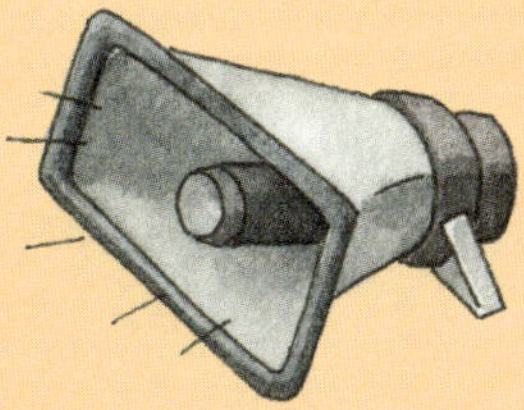

Welche Ansage hört Leo
auf dem Bahnsteig?

I Bitte Vorsicht bei der Einfahrt!

T Bitte Nachsicht bei der Abfahrt!

W Heute keine Durchfahrt!

Die Buchstaben neben den richtigen
Antworten verraten dir, wohin Leo fährt:
nach B__ __ __ __N.

Die Fahrt beginnt

„Ich rufe an“, sagt seine Mutter
und drückt Leo ganz fest.
Eilig dreht sie sich um und
verlässt den Zug.
12:08 Uhr!
Pünktlich fährt der ICE ab.
Häuser und Autos sausen an Leo vorbei.

Eine Zeit lang schaut Leo
aus dem Fenster.
Dann öffnet er gespannt
seinen Rucksack.
Was da wohl drin ist?
Er findet eine Flasche Limo
und einen neuen Comic.
Seine Mama ist wirklich super!

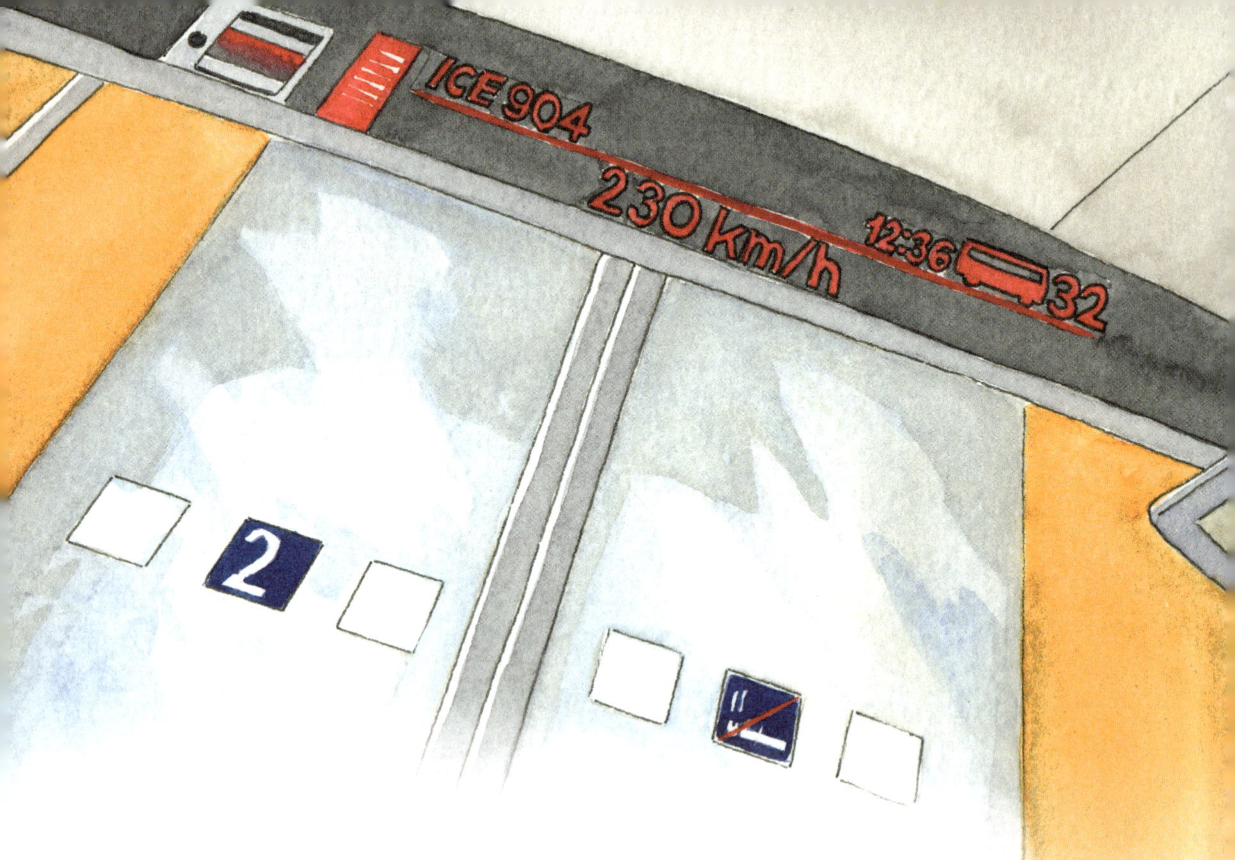

Leo hat Durst und öffnet die Flasche.
Während er trinkt, beobachtet er
die Anzeige über der Schiebetür.
Jetzt zeigt sie die Geschwindigkeit an.
230 Stundenkilometer fährt der ICE!
Leo ist begeistert.
Seine Mama fährt im Auto höchstens
130 Stundenkilometer.
Und das nur auf der Autobahn.

Auf einmal muss Leo dringend aufs Klo.

Die Limo!

Er steht auf und lässt seine Jacke

auf dem Sitz liegen.

Seinen Rucksack nimmt er aber mit.

Sicher ist sicher.

Dann geht er zur Schiebetür.

Direkt dahinter ist das Klo.

Leo sieht das blaue Schild
mit den weißen Buchstaben: WC.
Das kleine Dreieck
über der Türklinke ist grün.
Super, das Klo ist also frei.
Leo geht hinein.
Er dreht den Riegel um.
Jetzt ist die Tür verschlossen.

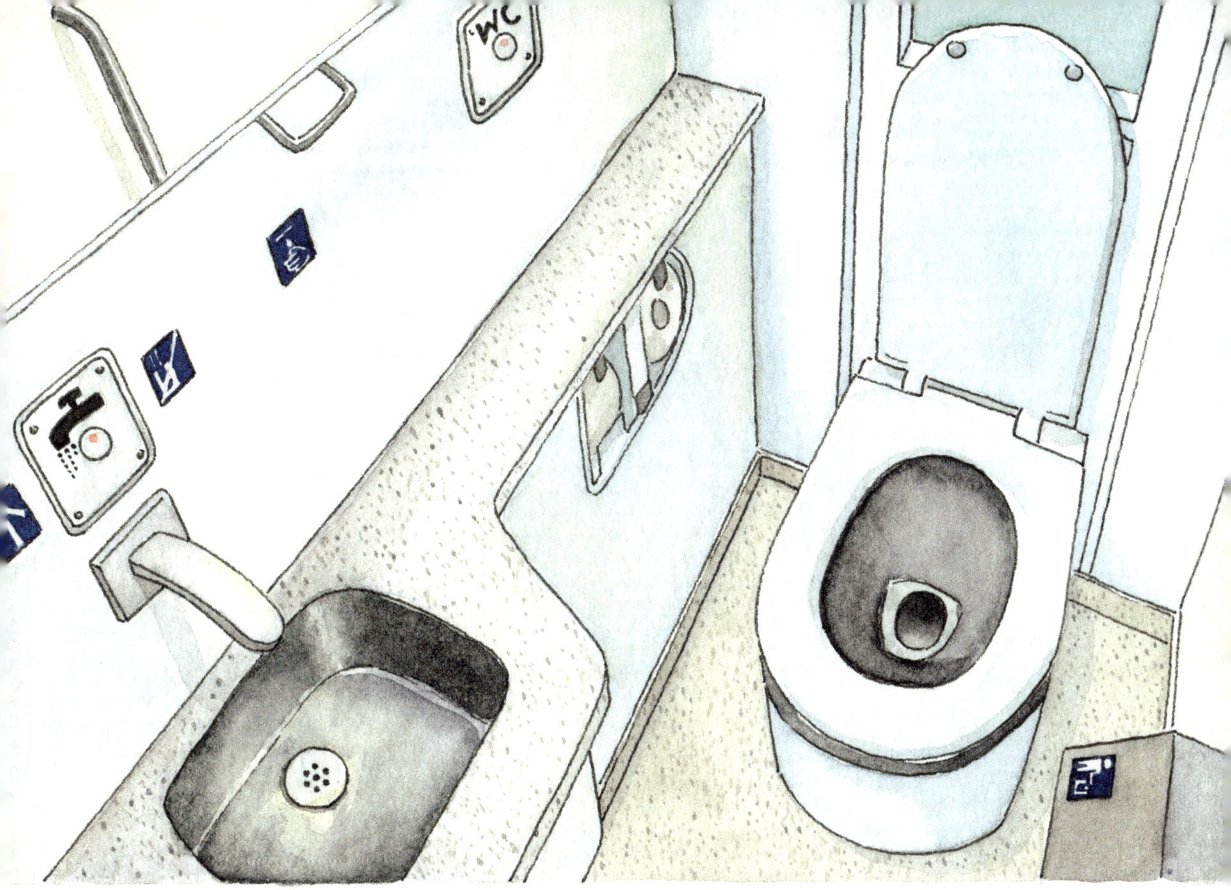

Alles funktioniert per Knopfdruck,
sogar die WC-Spülung und
die Bedienung des Wasserhahns.
Leo wäscht sich die Hände und
trocknet sie mit einem Papiertuch ab.
Dann öffnet er die Tür und
steht wieder im Gang.
Das wäre erledigt!

Leserätsel

Wann fährt der ICE los?

H Um 11:00 Uhr 

K Um 12:08 Uhr 

L Um 12:30 Uhr 

Was findet Leo in seinem Rucksack?

X Eine Flasche Hustensaft und eine alte Socke. 

M Eine Flasche Limo und einen neuen Comic. 

W Eine Flasche Sirup und einen frischen Rollmops. 

Leo muss auf das …

H WC.

K CW.

L MC.

Die Buchstaben neben den richtigen Antworten verraten dir, wie man die Geschwindigkeit eines Zuges angibt:

__ __/__

Einmal im Kreis! Kannst du die Wörter lesen? Schreibe sie auf.

__ __ __ __ __ __ __ __ __ __

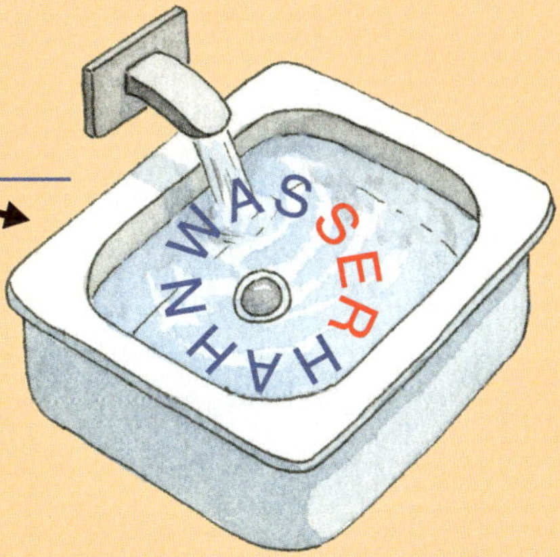

__ __ __ __ __ __ __ __ __ __

__ __ __ __ __ __ __ __ __ __

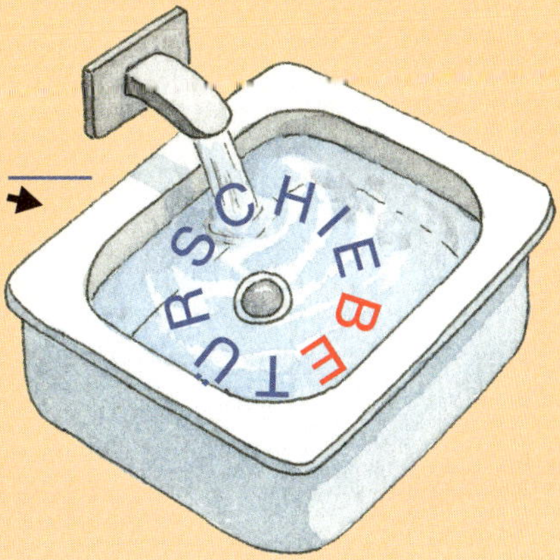

__ __ __ __ __ __ __ __ __ __

Wo ist die Fahrkarte?

Leo geht zu seinem Platz zurück.
Er schnappt sich den Comic
und beginnt zu lesen.
Plötzlich reißt ihn
die Stimme des Zugbegleiters
aus seinem Abenteuer.
„Die Fahrausweise, bitte!“
Leo greift in seine Hosentasche.

„Wo ist nur meine Fahrkarte?“,
denkt Leo aufgeregt.
Sein Herz klopft wie verrückt.
Jetzt steht der Zugbegleiter
direkt neben ihm.
„Vorhin war meine Karte noch da“,
erklärt Leo voller Panik.
Ihm wird ganz heiß und
seine Wangen glühen.

Die anderen Fahrgäste im Wagen
drehen sich neugierig zu ihm um.
Leo wühlt in seiner Jacke.
Da ist die Karte auch nicht!
„Hast du schon in deinen Rucksack
geschaut?“, fragt der Zugbegleiter.
Klar! Da hat Leo sie doch reingesteckt.
Der Zugbegleiter knipst die Karte ab.

„Gute Fahrt“, wünscht er und geht weiter.

Puh! Das war knapp.

Der Zug fährt jetzt langsamer.

Und Leo sieht die ersten Häuser von Berlin.

Noch ein paar Minuten, dann ist er da.

Sein Papa wartet sicher schon auf ihn.

Leo freut sich riesig.

Schließlich hat er viel zu erzählen!

Infoseite

Die ersten Lokomotiven fuhren mit Kohle.
Die Kohle verbrannte und brachte Wasser in einem Kessel zum Kochen. Durch den Dampf wurde die Lok angetrieben und erreichte eine Geschwindigkeit von 30 Stundenkilometern.

Der heutige ICE fährt mit Strom, der aus der Oberleitung kommt. Auf dem Dach der Lok ist ein Abnehmer, der den Zug mit Energie versorgt. Ein ICE fährt über 300 Stundenkilometer, also zehnmal so schnell wie die erste Lok.

Lösungen

S. 112 / 113:

Leo möchte Lokführer werden.
ICE bedeutet Intercity-Express.
Leo sitzt auf Sitzplatz 97.
Leo hört:
„Bitte Vorsicht bei der Einfahrt!“
Leo fährt mit dem Zug nach BERLIN.

S. 120 / 121:

Der ICE fährt um 12:08 Uhr los.

Leo findet eine Flasche Limo und
einen neuen Comic in seinem Rucksack.
Leo muss auf das WC.

Die Geschwindigkeit eines Zuges gibt man
in KM / H an (Kilometer je Stunde).
Die Wörter im Kreis sind:
WASSERHAHN
PAPIERTUCH
SCHIEBETÜR
KNOPFDRUCK

Eine Klassenfahrt ans Meer

Eine Geschichte von Sabine Choinski
und Gabriela Krümmel
mit Bildern von Marion Elitez

Für Daniel und Julian

Die Reise beginnt

Frau Voss kommt gut gelaunt in die Klasse.
„Bald fahren wir für eine Woche an die Nordsee. Das wird bestimmt lustig!“
Aber Julian findet das gar nicht lustig.
Er war noch nie so lange von zu Hause weg.
Er hat auch noch nie woanders geschlafen.
Außer bei Oma.
Ob er sein Schlafschaf mitnehmen darf?
Und mit wem wird er das Zimmer teilen?
In der Pause fragt Daniel ihn:
„Wollen wir in einem Zimmer schlafen?“
Julian nickt erleichtert. Jetzt freut er sich doch auf die Klassenreise.

Endlich geht es los.
Alle Kinder treffen sich auf dem Schulhof.
Frau Voss ist auch schon da. Sie hat ihre Gitarre mitgebracht. Die Kinder sind aufgeregt. Julian hält sein Schlafschaf fest.
Er will nicht in den Bus steigen.
Frau Voss beruhigt ihn: „Du hast dich doch so auf die Reise gefreut!“
Auch Daniel redet ihm gut zu: „Komm, wir suchen uns einen guten Platz im Bus!“
Jetzt möchte Julian doch mit. Schnell klettert er hinter Daniel in den Bus und lacht schon wieder.

Endlich! Nach drei Stunden hält der Bus vor dem Schullandheim.

Eine frische Brise weht vom Meer herüber.

Die Kinder tragen ihre Sachen in die Zimmer.

Daniel und Julian haben ein Doppelzimmer.

„Super“, ruft Daniel, „ein Zimmer für uns allein!“

Wer soll unten schlafen und wer oben?

Julian und Daniel knobeln.

Daniel gewinnt und darf oben schlafen.

Nun müssen sie die Betten beziehen.

Das ist gar nicht so einfach!

Zum Mittagessen gibt es
Nudeln mit Pilzsoße.
Leo verzieht das Gesicht:
„Das mag ich nicht."
Sophie meint: „Probier doch mal!
Das schmeckt echt lecker!"
Daniel nickt mit vollem Mund.
Auch Julian isst eine große Portion.
Als Nachtisch gibt es Wackelpudding.
Den mag sogar Leo.

Nach dem Essen geht die ganze Klasse zum Strand. Der Sand ist schön warm. Das Meer rauscht und der Wind weht. Am Strand liegen viele Muscheln. Julian findet auch einen Seestern und Krebse. Er stopft alles in seine Hosentaschen. Sophie hat eine Tüte mitgebracht. Sie entdeckt schöne Herzmuscheln und sogar das Haus einer Wellhornschnecke.

Daniel spielt Fangen mit den Wellen.
Einmal passt er nicht auf. Eine Welle spritzt seine Hose nass.

„Macht nichts“, meint Frau Voss, „die trocknet schnell wieder!“

„Autsch!“, ruft Melek.
Sie ist in eine Krebsschere getreten.
Es tut weh, aber Melek ist tapfer.
Zum Glück hat Frau Voss ein Pflaster dabei.

Zum Abendbrot gibt es Früchtetee.
Julian hat großen Durst. Er greift quer über den Tisch, um sich die Kanne zu angeln.
„He, pass doch auf!“, schreit Leo. Julian hat seinen Becher umgestoßen. Auf dem Tisch breitet sich eine rote Pfütze aus.
„Das kann passieren“, tröstet Frau Voss.
„Julian, hol schnell einen Lappen zum Aufwischen!“

Nach dem Essen liest Frau Voss den Kindern eine spannende Piratengeschichte vor.
Dann heißt es Zähne putzen und ab ins Bett!

Julian und Daniel können nicht einschlafen.
„Ich bin der Schrecken der Meere!“,
ruft Daniel und wirft sein Kissen zu Julian
hinunter.
Da steckt Frau Voss den Kopf durch die Tür:
„Auch Piraten müssen jetzt schlafen!“
Plötzlich rümpft sie die Nase.
„Was riecht denn hier so seltsam?“
Frau Voss schaut sich suchend um.
„Hast du etwa die Krebse mit ins Zimmer
genommen?“, fragt sie. Julian nickt verlegen.
Frau Voss muss lachen. „Die bringst du
morgen wohl besser zurück!“

Leserätsel

Wohin geht die Klassenreise?

T An die Nordsee

M An die Südsee

Was gibt es zum Mittagessen?

E Pilze mit Nudelsoße

O Nudeln mit Pilzsoße

Was findet Julian am Strand?

U Ein Seepferd und Kresse

L Einen Seestern und Krebse

Wonach riecht es in Julians Zimmer?

S Nach schmutzigen Socken

L Nach vergammelten Krebsen

Die Buchstaben neben den richtigen Antworten ergeben ein Lösungswort:

___ ___ ___ ___

In der Sandburg haben sich sieben Wörter versteckt. Findest du alle? Kreise sie ein.

H	K	R	E	B	S	G	O
M	S	U	W	E	T	P	A
U	C	P	V	T	T	I	Z
S	E	E	S	T	E	R	N
C	H	D	O	P	A	A	P
H	O	X	N	L	B	T	E
E	E	T	N	S	W	Y	F
L	D	W	E	L	L	E	K

Welches Wort passt nicht zum Strand?

___ ___ ___ ___

Abenteuer am Strand

„Heute machen wir eine Kutterfahrt!“, sagt Frau Voss am nächsten Morgen fröhlich. Nach dem Frühstück gehen sie zum Hafen. Dort liegt ein großes weißes Schiff. Der Kapitän heißt Knut. Er sieht aus wie ein richtiger Seemann.

„Schaut mal, die Seehunde!“, ruft Frau Voss. „Wir dürfen nicht zu nah an die Sandbank heranfahren“, erklärt Kapitän Knut, „sonst stören wir die Seehunde.“

Am Nachmittag dürfen die Kinder baden.
Am Strand wartet schon Dirk, der
Rettungsschwimmer. Er ist groß und kräftig.
Dirk erklärt den Kindern die Baderegeln,
denn das Baden im Meer ist gefährlich.
„Arme kreuzen heißt: Sofort das Wasser
verlassen!“, sagt Dirk.
Julian und Daniel können es kaum
erwarten, ins Wasser zu gehen.
Schnell die Badesachen angezogen,
ein Pfiff von Dirk und los geht’s!
Die Kinder rennen kreischend
in die Wellen. Huh, ist das kalt!

Nur Sophie steht noch zögernd am Strand.
„Komm rein, das macht Spaß!“, ruft Daniel.
Dirk nimmt Sophie an die Hand und läuft mit ihr ins Wasser. Da kommt eine große Welle.
„Spring hoch!“, ruft Dirk.
Julian taucht unter der Welle durch.
„Super!“, prustet er, als er wieder auftaucht.
Leo und Melek spritzen sich gegenseitig nass.
Nach einer Weile kreuzt Dirk die Arme.
Schade, die Badezeit ist schon zu Ende.
Aber Frau Voss hat eine tolle Überraschung:
„Heute machen wir eine Nachtwanderung!“

Nach dem Abendessen ziehen sich alle Kinder warm an und nehmen ihre Taschenlampen mit.
Der Weg durch die Dünen ist unheimlich.
Die Büsche sehen aus wie Gespenster.
„Ich habe Angst", flüstert Melek.
Da knackt es im Gebüsch.
„Wer ist da?", ruft Frau Voss.
Eine Gestalt springt auf den Weg.
„Das bin doch nur ich!", ruft Daniel.
Die Kinder lachen erleichtert.

Heute geht es zum Einkaufen in die Stadt.
Die Kinder haben Taschengeld bekommen.
Julian will etwas für seine Mutter kaufen.
Sophie wünscht sich einen Seehund.
Daniel möchte lieber Süßigkeiten haben.
Die Kinder gehen in einen kleinen Laden.
„Was kostet der weiße Seehund?“,
fragt Sophie.
Die nette Frau an der Kasse nennt ihr
den Preis: „Drei Euro!“
Sophie kauft den Seehund.

Julian findet eine hübsche Muscheldose für seine Mutter. Er bezahlt und legt die Dose vorsichtig in seinen Rucksack.

Daniel kauft eine große Tüte Bonbons und gibt allen etwas ab.

Mit dem Bus fahren sie zurück. Als sie im Schullandheim angekommen sind, fängt Julian an zu weinen. „Ich habe meinen Rucksack im Bus vergessen!“

Frau Voss ruft in der Buszentrale an.

Zum Glück wurde der Rucksack gefunden – und die Muscheldose ist auch noch drin!

Der letzte Abend beginnt. Die Kinder packen ihre Sachen. Alles ist voller Sand. Julian bekommt seine Reisetasche nicht zu.

„Wem gehört diese Hose?“, fragt Frau Voss.

Daniel ruft: „Das ist meine. Die habe ich schon gesucht!“

Statt Abendessen dürfen die Kinder heute am Lagerfeuer grillen. Es gibt Würstchen und Stockbrot. Frau Voss holt ihre Gitarre und alle singen ein Seefahrerlied.

Julian ist traurig. Morgen ist die Klassenfahrt zu Ende. Am liebsten würde er noch bleiben.

„Moin", begrüßt der Busfahrer am nächsten Tag die Kinder. „Alles einsteigen! Es geht wieder nach Hause."

Endlich kommt der Bus an. Die Eltern warten schon. Auch Julians Mama steht auf dem Schulhof. Sie freut sich.

„Schön, dass du wieder da bist. Ich habe dich vermisst!"

Julian gibt ihr die Muscheldose und sagt stolz: „Und ich habe jetzt gar kein Heimweh mehr!"

Leserätsel

Kapitän Knut sieht aus wie

H ein Seehund

E ein Seemann

Wo sind die Seehunde?

I Auf einer Sandbank

U Im Sandkasten

Was erklärt Dirk den Kindern?

T Die Badelatschen

S Die Baderegeln

Die Buchstaben neben den richtigen Antworten ergeben ein Lösungswort:

___ ___ ___

Die Wellen haben die Wörter durcheinandergewirbelt. Setze die Buchstaben wieder richtig zusammen.

S _ _ _ _ _

K _ _ _ _ _

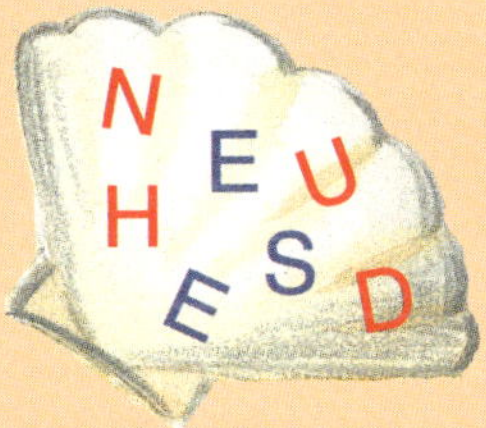

S _ _ _ _ _ _ _

S _ _ _ _ _ _

K _ _ _ _ _ _

Was kaufen die Kinder?

Infoseite
Zehn wichtige Baderegeln

Kühle dich ab, bevor du ins Wasser gehst.

Gehe aus dem Wasser, sobald du frierst.

Gehe nur baden, wenn du dich gut fühlst.

Bade nie mit ganz vollem oder ganz leerem Magen.

Gehe nur bis zum Bauch ins Wasser, wenn du nicht schwimmen kannst.

Überschätze deine Kraft und dein Können nicht.

Tauche andere nicht unter.

Springe nur ins Wasser, wenn es tief genug und frei ist.

Bade nicht da, wo Schiffe und Boote fahren.

Rufe nur um Hilfe, wenn du wirklich in Gefahr bist.

Lösungen

S. 140/141:

Die Klassenreise geht an die Nordsee.
Zum Mittagessen gibt es Nudeln mit Pilzsoße.
Julian findet einen Seestern und Krebse.
In Julians Zimmer riecht es
nach vergammelten Krebsen.
Das Lösungswort lautet TOLL.

H	K	R	E	B	S	G	O
M	S	U	W	E	T	P	A
U	C	P	V	T	T	I	Z
S	E	E	S	T	E	R	N
C	H	D	O	P	A	A	P
H	O	X	N	L	B	T	E
E	E	T	N	S	W	Y	F
L	D	W	E	L	L	E	K

Das BETT passt nicht zum Strand.

S. 150/151:

Kapitän Knut sieht aus wie ein Seemann.
Die Seehunde sind auf einer Sandbank.
Dirk erklärt den Kindern die Baderegeln.
Das Lösungswort lautet EIS.
Diese Wörter stehen in den Muscheln:
SCHIFF, KAPITÄN, SEEHUND, SANDBANK, KRABBE
Julian kauft eine Muscheldose, Daniel kauft Bonbons,
Sophie kauft einen Seehund.

Lesen lernen mit der Lesemaus

Liebe Eltern,

alle Kinder wollen lesen lernen. Sie sind von Natur aus wissbegierig. Diese Neugierde Ihres Kindes können Sie nutzen und das Lesenlernen frühzeitig fördern. Denn Lesen ist die Basiskompetenz für alles weitere Lernen. Aber Lesenlernen ist nicht immer einfach. Es ist wie mit dem Fahrradfahren: Man lernt es nur durch Üben – also durch Lesen.

Lesespaß mit Lesepass

Je regelmäßiger Ihr Kind übt, desto schneller und besser wird es das Lesen beherrschen. Eine schöne Motivation kann dabei ein Lesepass sein, den Sie zusammen mit Ihrem Kind basteln können.
Vereinbaren Sie mit ihm eine kleine Belohnung, die es für eine bestimmte Anzahl an Trainingsminuten gibt.
Eine Leseeinheit können zum Beispiel 10 Minuten sein.
Für jede Leseeinheit gibt es einen Sammelpunkt – und nach einer zu vereinbarenden Anzahl von Punkten dann die kleine Belohnung.

Wie können Sie Ihr Kind beim Lesenlernen unterstützen?

Je positiver Kinder das Lesen erleben, desto motivierter sind sie, es selbst zu lernen. Versuchen Sie, Ihrem Kind ein Vorbild zu sein. Zeigen Sie Ihrem Kind, dass Lesen und Schreiben zum Alltag gehören. Etablieren Sie gemeinsame Leserituale. So erfährt Ihr Kind: Lesen macht Spaß!

Lesen Sie Ihrem Kind mindestens bis zum Ende der Grundschulzeit vor. Auch wenn Ihr Kind zunehmend eigenständig liest, bleibt das Vorlesen ein schönes und sinnvolles Ritual.

Lesen lernen mit der Lesemaus

Jedes Kind lernt unterschiedlich schnell lesen. Orientieren Sie sich bei der Auswahl von Erstlesebüchern daher an den Interessen und Lesefähigkeiten Ihres Kindes. Die Geschichten sollen Ihr Kind fordern, aber nicht überfordern.

Die Lesemaus zum Lesenlernen bietet spannende und leicht verständliche Geschichten für Leseanfänger. Altersgerechte Illustrationen helfen, das Gelesene zu verstehen.

Mit lustigen Leserätseln können die Kinder ihre Lernerfolge spielerisch selbst überprüfen. Außerdem gibt es in jedem Band interessante Sachinfos für Jungen und Mädchen.

Ihnen und Ihrem Kind viel Spaß beim Lesen!

Lesen lernen in kleinen Schritten

Der Leselern-Prozess vollzieht sich über längere Zeit und in mehreren Schritten. Genauso differenziert wie dieser Prozess sind die Erstlesebücher mit der Lesemaus. Umfang, Wortschatz, Schriftgröße, Text-Bild-Verhältnis der Geschichten und das Niveau der Leserätsel sind optimal auf die verschiedenen Phasen des Lesenlernens abgestimmt:

Auf zum Bauernhof!

Milla sitzt im .
Sie strahlt mit der um die Wette.
Denn sie und ihre Mutter fahren
zu Oma auf den .
Dort ist Milla am liebsten.
Ihre Oma hat viele Tiere und
Milla ist eine große Tierfreundin.
„Ob die schon geboren sind?“,
fragt sie unterwegs.

„Bestimmt“, antwortet ihre Mutter.
Nach einer Weile kommt das
auf dem an.
Milla begrüßt ihre Oma und
fragt sofort nach den .
„Trude hat 7 bekommen“,
erzählt Oma. „Möchtest du ihnen
Namen geben?“
Natürlich möchte Milla das!
Sie rennt gleich zum Schweinestall.

3

Bild-Wörter-Geschichten – mit Bildern lesen lernen

- Erste Geschichten mit Bildern statt Wörtern für Leseanfänger
- Große Fibelschrift
- Wenig Text, viele farbige Bilder
- Auch ideal zum gemeinsamen Lesen: Das Kind ergänzt das Wort, wenn ein Bild kommt.

Geschichten im Dialog – zu zweit lesen lernen

- Kleine Geschichten zum Vor- und Selberlesen
- Lesen im Dialog – das Erfolgskonzept zum Lesenlernen
- Eltern lesen die linke, Kinder die rechte Seite
- Große Fibelschrift, hoher Bildanteil

Nichtschwimmer

„Bleib sitzen! Nicht spritzen!“
Dafür, dass die drei sich Piraten nannten, waren sie ganz schön wasserscheu. Robert hockte in der Badewanne. Er hatte eine Menge Schaum gemacht. Sina und der Koch schwammen im Wasser herum und rochen schon bald wie wahre Frühlingswiesen. Aber ausgerechnet der Käpten war Nichtschwimmer!
Robert hatte ihn in eine leere Seifenschale gesetzt und schnippte mit dem Zeigefinger immer wieder ein bisschen Wasser auf den kleinen Piraten, der nun keine sehr große Klappe mehr hatte.
„Ich bin eben ein Salzwasser-Pirat und nicht so ein Süßwasser-Hering wie du“, maulte er.
„Heringe leben auch im Salzwasser“, entgegnete Robert.
„Sag ich doch“, murmelte der Käpten und wischte sich die Wassertropfen aus dem Gesicht.

48

Zum Glück war Roberts Mutter
oben in seinem Zimmer
ganz und gar mit Staubsaugen
und Mäusejagen beschäftigt.
Sonst hätte sie das Geschrei gehört,
das der Käpten hier machte.

Geschichten zum Selberlesen – Lesekompetenz üben und festigen

- Einfache Geschichten für Erstleser, die schon längere Texte lesen können
- Klare Textgliederung in Sinnabschnitte
- Viele farbige Bilder zur Veranschaulichung
- Leserätsel zum Textverständnis

So ein Angeber!
Es ist ein warmer Frühlingstag.
Die Freunde aus der 2a verabreden sich
für den Nachmittag zum Schwimmen.
„Kann ich mitkommen?“, fragt Mike.
„Wenn du mit Karla um die Wette
schwimmst?“, sagt Anna spöttisch.
„Null Problemo“, antwortet Mike.

„Ich wette um eine Tafel Schokolade,
dass Karla gewinnt“, sagt Mia.
Karla ist die beste Schwimmerin
der Klasse.
Im Herbst wird sie neun Jahre alt.
Dann will sie das goldene Jugend-
Schwimmabzeichen machen.

10

Extra Lesetraining – vertiefende Methoden zum Lesenlernen

- Spannende Geschichten für Leseanfänger
- Bewährte didaktische Konzepte
- Einfache Sätze, klare Gliederung
- Leserätsel zur Erfolgskontrolle

Silbenmethode

Marie liest mit der Nase!
Maries Klasse plant eine Lesenacht.
Die Schüler wollen Geschichten hören
und im Klassenzimmer übernachten.
„Aber ich kann nicht die ganze Nacht
vorlesen. Ihr seid auch mal dran“,
sagt Herr Baum, der Lehrer.
„Und damit das Vorlesen gut klappt,
üben wir jetzt noch mal!“
Maries Freund Leon ist als Erster dran.

36

Leon liest wunderbar vor.
Dann kommt Finn an die Reihe.
Schließlich landet das Buch bei Marie.
Da lacht Jaro: „Marie liest ja
mit der Nase!“
„Die Schrift ist eben zu undeutlich!“,
sagt Marie wütend.

37

Michi und Boris haben alles beobachtet.
Sie sehen, wie die Mädchen weglaufen und
wie Duschka über das Seil zurückkommt.
„Das möchte ich auch können“, flüstert Michi.
Sie folgen Duschka bis zu einem Platz am
Ortsrand. Da stehen mehrere Wohnwagen
um einen weißen Laster herum.
Auf den Laster ist ein großes Bild gemalt.
„Ach so!“, sagt Michi, als er das Bild sieht.
„Jetzt versteh ich!“

74

Als Michi am nächsten Morgen in die
Schule kommt, stehen die Schüler aufgeregt
auf dem Hof. Alle freuen sich, nur die drei
Detektivinnen [illegible] grimmig.
„Was ist denn?“, fragt Michi.
„Sie sind hier bei uns auf dem Schulhof!“,
ruft Boris. „Schau, da ist sie!“
Vor lauter Leuten hat Michi Duschka gar
nicht gesehen. Sie trägt ein buntes Trikot
und ein Faltenröckchen. Sie steht mit einem
großen Mann vor dem weißen Laster und
strahlt vor Stolz und Freude.

Vereinfachte Ausgangsschrift

Lesenlernen mit Spaß

978-3-551-06638-1

978-3-551-06642-8

978-3-551-06645-9

978-3-551-06651-0

978-3-551-06654-1

Noch mehr Lesespaß!

Mit Conni

978-3-551-18960-8

978-3-551-18937-0

978-3-551-18792-5

978-3-551-18791-8

Mit der Schule der magischen Tiere

978-3-551-65592-9

978-3-551-65591-2

978-3-551-65593-6

Mit der Lesemaus

978-3-551-06641-1

978-3-551-06648-0

978-3-551-06652-7

978-3-551-06653-4

Mit Minecraft

978-3-551-06844-6

978-3-551-06845-3

978-3-551-06846-0

978-3-551-06847-7

978-3-551-06848-4

Mutig bleibt Laura stehen, bereit, im letzten Moment zur Seite zu springen. Doch zum Glück wird Krümel langsamer. „Ist ja gut! Ganz ruhig!“, ruft Laura. Wenige Meter vor ihr fällt Krümel in den Schritt und trottet dann ruhig auf sie zu. Laura fasst das Pony am Zügel. „So ist es brav“, murmelt sie und tätschelt seinen Hals. „Was ist denn passiert? Wo ist Sofie?“ Nur schade, dass Ponys nicht sprechen können!

Schnell tauscht Laura den Fahrradhelm gegen den Reithelm und schwingt sich in den Sattel.
„Los, wir müssen Sofie finden!"
Mit klopfendem Herzen reitet sie den Feldweg entlang. Hoffentlich hat sich Sofie nicht verletzt!
Da! Hinten am Waldrand kommt ihnen Sofie entgegen. Zu Fuß und ganz allein.
Sie humpelt ein bisschen.
„Laura!", ruft sie erstaunt. „Was machst du denn hier?"

„Na was wohl? Ich such dich!“, sagt Laura. „Was ist denn passiert?“

„Ein Eichhörnchen ist vor uns über den Weg geflitzt. Krümel hat sich vielleicht erschreckt! Zack, hat er mich abgeworfen und ist wie ein Irrer losgerast!“

„Und? Hast du dir wehgetan?“, fragt Laura besorgt.

Sofie reibt sich den Po. „Ein paar blaue Flecken werde ich schon haben. Aber sonst ist alles okay!“

Laura schaut sich um. „Wo steckt denn Margarete?“

„Die hatte keine Lust umzukehren.
Sie hat gesagt, dass Krümel sicher
nach Hause läuft. Und das könnte ich
ja auch tun. Allein natürlich."
„Blöde Zicke!", zischt Laura.
Sofie nickt. „Du, es tut mir echt leid,
dass ich …"
„Schon gut", unterbricht Laura sie schnell.
„Übrigens, weißt du, was bei blauen
Flecken am besten hilft?"
Sofie zuckt mit den Schultern.
„Eis!" Laura grinst. „Und am allerbesten
hilft Stracciatella!"

Leserätsel

Was macht Laura, als Krümel auf sie zugaloppiert?

K Sie versteckt sich im Graben.

N Sie versperrt ihm den Weg.

M Sie rast mit dem Fahrrad davon.

Was macht Laura dann mit Krümel?

A Sie bringt ihn auf die Weide.

I Sie reitet mit ihm nach Hause.

O Sie sitzt auf und sucht Sofie.

Wieso hat sich Krümel erschreckt?

R Ein Fuchs pupst.

U Ein Eichhörnchen flitzt vorbei.

L Ein Wildschwein grunzt.

Hat sich Sofie wehgetan?

[A] Sie hat nur ein paar Kratzer.

[S] Ihr Fuß ist gebrochen.

[G] Sie hat ein paar blaue Flecken.

Was macht Margarete?

[G] Sie hilft Sofie, das Pony einzufangen.

[A] Sie lässt Sofie allein nach Hause humpeln.

[C] Sie reitet zusammen mit Sofie zurück.

Was hilft, laut Laura, bei blauen Flecken?

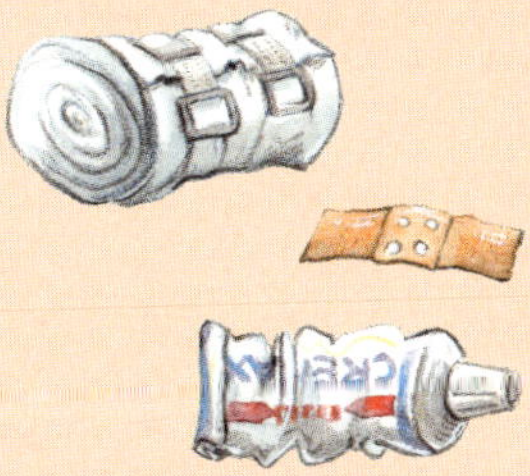

[T] Eis.

[H] Salbe.

[A] Kalte Umschläge.

Die richtigen Buchstaben ergeben noch eine Lieblingseissorte von Laura:

__ __ __ __ __ __-EIS

Unser Versprechen für mehr Nachhaltigkeit
• Klimaneutrales Produkt
• Papiere aus nachhaltiger Waldwirtschaft
• Hergestellt in Europa

Sonderausgabe im Sammelband

ISBN: 978-3-551-06648-0
Umschlagillustration und Vorsatz: Sigrid Leberer
Illustration der Lesemaus: Hildegard Müller
Umschlagkonzeption: Gunta Lauck
Lektorat: Constanze Steindamm
Satz: Karin Kröll
Lithografie: ReproTechnik Fromme, Hamburg

FSC
www.fsc.org
MIX
Papier aus verantwortungsvollen Quellen
FSC® C002795

TIER
SONI